OBSERVATIONS

DU CITOYEN

J.-B. CADOT,

PROPRIÉTAIRE A LA CHAPELLE-DE-GUINCHAY,

SUR QUELQUES

QUESTIONS D'ÉCONOMIE POLITIQUE,

Adressées au Président de la République et aux Représentants du Peuple.

> Pour qu'une forme de gouvernement soit stable, il faut que les impôts soient proportionnels, c'est-à-dire que chaque citoyen contribue aux charges et aux dettes de l'État, en proportion de sa fortune,
>
> J.-B. CADOT.

MACON,

IMPRIMERIE DE H. ROBERT, RUE SAINT-VINCENT, 3.

1849.

OBSERVATIONS

DU CITOYEN

J.-B. CADOT,

PROPRIÉTAIRE A LA CHAPELLE-DE-GUINCHAY,

SUR QUELQUES

QUESTIONS D'ÉCONOMIE POLITIQUE,

*Adressées au Président de la République et aux Représentants
du Peuple.*

———

Comme tout citoyen français a le droit de manifester son opinion, je viens soumettre à l'Assemblée nationale et au Président de la République quelques observations sur diverses questions d'économie politique.

Je fais d'abord observer qu'aujourd'hui la France paie environ 300 millions de rentes, indépendamment des budgets des divers ministères ;

Et je pose pour principe que tout français doit participer aux charges de l'État en raison de sa fortune.

Pour arriver à ce but, il faut :

1° Rétablir la taxe sur les lettres, telle qu'elle était avant la réduction au taux uniforme de 20 centimes.

2° Faire rentrer dans le Trésor, et de manière à ce qu'il ne perde rien, l'argent qu'aurait produit l'exercice (s'il n'eût pas été supprimé) dans la perception de l'impôt sur les boissons.

3° Faire une loi sur le crédit foncier, attendu que nous avons environ 2 milliards 300 millions d'espèces monnayées sortis de France.

4° Faire une loi par laquelle tout citoyen porteur d'obligations sur l'État ou sur particuliers sera soumis à l'impôt.

5° Enfin, dans le but de tranquilliser les populations, principalement les agriculteurs, décréter que les assurances contre l'incendie seront faites par et pour le compte de l'État qui alors deviendra assureur.

Voici les raisons que j'apporte à l'appui des réformes que je réclame.

Mais auparavant un mot sur la loi qui a réduit l'impôt sur le sel ; cette loi, je l'approuve, parce que la réduction est proportionnelle en général, et quoique le peuple français ne se soit pas plaint du prix du sel.

Relativement à la loi qui a réduit la taxe des lettres, ou autrement qui a privé le budget de 30 millions 700 mille francs, je la désapprouve, attendu que la réduction n'est pas proportionnelle ; car il n'y a pas la trois-centième partie du peuple qui écrive. Le gouvernement étant obligé de prendre, pour subvenir aux frais que nécessitent l'administration des postes et le transport des dépêches, dans la bourse commune, c'est-à-dire dans le Trésor, il est juste que la lettre qui a fait un plus long trajet soit taxée plus chèrement que celle qui en a fait un d'une moindre étendue. On m'a objecté que les lettres venant de Lille et de Marseille ne devaient pas être taxées plus que celles qui ne font que traverser Paris (20 centimes). Je réponds : l'impôt sur les patentes établissant plusieurs catégories et étant assis en raison de l'importance de l'industrie du commerçant, pourquoi n'y aurait-il pas analogie, c'est-à-dire diverses catégories établies pour la taxe des lettres ; au surplus que les citoyens de Lille ou de Marseille qui trouvent la taxe trop élevée, viennent résider à Paris, et ils ne payeront que 20 centimes comme les autres habitants de cette ville.

A l'appui de ce raisonnement, j'apporte un exemple : Les rivières navigables et flottables appartiennent à l'État, qui paie pour construire des ponts et faire les réparations nécessaires. Eh bien ! l'État fait payer un droit de navigation à tous les bateaux et moyens de transport quels qu'ils soient, à raison du tirant d'eau, du poids, de la nature du chargement et de l'importance du trajet ; il amodie la pêche, il fait payer pour passer sur les ponts. Voilà, l'application de l'impôt proportionnel.

Toutes les grandes routes de France appartiennent aussi à l'État; il a payé pour les faire faire, il paie pour les entretenir; il paie l'administration des postes, les relayeurs, conducteurs des berlines-postes qui parcourent les routes sillonnant le pays. Je demanderai à nos représentants, qui sont payés par nous et qui ne sont autre chose que nos mandataires, où l'on a pris l'argent pour faire les routes, les entretenir, acheter l'Hôtel et payer tout le personnel et le matériel des Postes. Ils ont donc oublié que tout avait été payé avec l'argent de la bourse commune, soit par le Trésor, et que le gouvernement ne pouvait pas plus y toucher que dans les ventes des coupes de bois dans les forêts du gouvernement. Ils ont voulu outre-passer leurs pouvoirs et faire profiter de ces 30 millions 700 mille francs une très petite fraction du peuple français; on pourrait dire qu'ils ont fait la loi pour eux seuls. Mais ils se sont trompés, ils peuvent remettre la taxe des lettres au même taux, elle sera proportionnelle, comme l'impôt sur le sel, les droits de péage sur les rivières, etc; autrement qu'ils amodient l'Hôtel des Postes avec tous ses accessoires, comme ils ont fait des canaux et des ponts, et ils en tireront le prix.

Les partisans de la nouvelle loi m'objecteront, sans doute, que l'État aura toujours le même revenu, parce que le nombre des lettres soumis à la taxe sera plus considérable. Cette raison ne me paraît pas plausible, et il n'est pas vrai que le revenu augmentera en proportion de la diminution de la taxe, et cependant les dépenses seront toujours les mêmes.

Ceci me suggère encore une réflexion : Le gouvernement au lieu de faire profiter des 30 millions 700 mille francs dont j'ai parlé plus haut, une très minime partie de la nation qui pouvait très bien s'en passer, n'aurait-il pas dû les accorder aux ouvriers que le chômage a réduit en si grand nombre à la misère, depuis l'inauguration de la République. Ç'eût été un léger soulagement apporté à leurs douleurs.

Pour le tabac, voici comment le gouvernement procède : Pour se faire un revenu de 67 millions 300 mille francs, il impose au cultivateur les conditions suivantes : Vous planterez, lui dit-il, tant de plantes de tabac; à leur maturité, vous en trierez les feuilles, vous en ferez la déclaration à la régie; quand elles seront au degré convenable pour être livrées à la manufacture, on vous invitera à les livrer; là, elles seront reconnues par les agents, le prix fixé et payé. Je conviens que cette manière de procéder est un peu vexatoire, en ce que le propriétaire ne peut pas faire librement le commerce du produit de ses propriétés, et, nonobstant ces entraves, les charges sont proportionnelles.

Quand on doit, il faut trouver un moyen pour payer; nos représentants auraient donc dû garder les 30 millions 700 mille francs, excédant pour le port des lettres de l'ancienne taxe sur la nouvelle, qui étaient le revenu des propriétés de l'État.

Pour ce qui est de la suppression de l'exercice sur les boissons, quoiqu'ayant produit un déficit de 66 millions 600 mille francs, je l'approuve, et je l'avais demandée en 1830 ; je disais alors que, pour que l'État ne perdît rien, il fallait remplacer ce droit en le reportant pour deux tiers sur les contributions personnelle et mobilière en général, et pour un tiers sur tous les débitants; les marchands en gros et les commissionnaires payeraient une licence en raison du taux de leurs patentes. Pour arriver à établir l'assiette de la répartition, on dresserait, dans chaque département, l'état des droits perçus pendant dix ans, on prendrait le dixième de ces droits, et là-dessus le directeur des contributions directes ferait son travail au marc le franc.

Indépendamment de son caractère vexatoire, l'impôt sur les boissons est encore onéreux à la classe ouvrière et aux militaires qui ne peuvent pas acheter un hectolitre de vin à la fois.

Ainsi, 2 hectolitres de vin pris à Mâcon, avec un acquit-à-caution, pour les conduire chez un débitant du département du Nord, en supposant qu'ils coûtent tout rendus 150 fr., il faudra que le marchand les vende à raison de 1 fr. 50 cent. le litre, soit 300 fr. — Le dixième de 300 fr., pour la régie, est de. . . . . 30 »

La même quantité, pour le même département, avec un congé, ne payera que. . . . . 3 »

C'est donc 27 fr. que le débitant paie de plus que le propriétaire, en outre de sa patente, ci. . . . . . 27 »

Deux hectolitres de vin pris à Mâcon avec acquit-à-caution, pour un débitant du département de la Loire, en supposant qu'ils reviennent rendus à 70 fr., il faudra qu'ils soient vendus

à raison de 70 cent. le litre, soit 140 fr. — Le dixième de
cette somme, pour la régie, est de. . . . . .14 »

La même quantité, pour le même département, avec
un congé, ne payera que. 2 50

C'est donc 11 fr. 50 cent. que le détaillant paie de
plus que le propriétaire, non compris sa patente, ci.   11 50

Comme on le voit, les débitants sont en quelque sorte
forcés de faire la fraude, aussi disent-ils très souvent à leur
marchand de vin : au lieu de prendre un acquit-à-caution à
mon nom, prenez un congé au nom d'un tel, mon voisin.

Ainsi que je l'ai dit plus haut, nos représentants ne peuvent
remplacer le produit de cet impôt qu'en le reportant sur les
contributions personnelle et mobilière et en augmentant celles-
ci d'autant, et sur les débitants, marchands en gros et commissionnaires.

Chacun boit et achète du vin ou d'autres boissons, à raison
de son revenu. Celui qui ne paie que 5 fr. de cote mobilière
n'achète pas du vin de Champagne à 5 fr. la bouteille, attendu
qu'il peut en avoir 20 ou 30 litres d'une qualité inférieure pour
le même prix. Aussi la faveur est trop grande pour le riche
qui, avec un congé de 3 fr., peut acheter 2 hectolitres de vin
de Bordeaux ou de Baune à 200 fr. l'hectolitre ; tandis que
l'ouvrier paie le même droit, avec un congé, pour acheter
2 hectolitres de vin 15 à 20 fr. sans fût. Aussi n'est-ce pas là
la véritable loi proportionnelle.

Les représentants ont rejeté la loi sur le crédit foncier en
disant : l'argent ne manque pas, c'est la confiance qui fait
défaut ; que voulez-vous que l'on fasse de vos coupons hypothécaires qui auront cours forcé ? c'est de la fausse monnaie.
A cela je réponds : Pour votre banque de Paris, qui est une
faveur, dont les bénéfices annuels montent à plus de 7 millions et dont les billets parcourent la France , c'est bien
le cas de dire que c'est de la fausse monnaie , attendu
qu'avec la banque il n'y a pas sécurité parfaite puisqu'elle ne
fournit pas hypothèque sur des propriétés ; et cependant son
roulement annuel s'élève à un milliard 200 millions.

Nos représentants ont donc oublié que nous avons envoyé
environ un milliard en Algérie d'espèces monnayées, que nous
avons payé un milliard 300 millions en espèces pour avoir
des blés en 1844-45, à l'étranger, à la Russie.

A propos de la Russie, j'ai commercé avec les sujets de cette puissance ; voici comment : En 1818, je fus le premier qui envoyai des vins blancs de France de Mme Labrely et autres, de Fuisse, en Russie. A cette époque le change de place des billets de commerce était facile. On payait pour le transport par mer du Havre à Cronstadt, port de la Russie, 12 fr. pour 2 hectolitres de vin rendus à la douane, ci. . . . . . 12 »

Et pour l'entrée en Russie de cette quantité . . . 60 »

Total. . . . . . 72 »

Alors on voyait peu d'or monnayé en Russie, et on ne recevait que du papier-monnaie de l'empire, pour faire les paiements. Qu'est-il-arrivé en 1823? On a porté les droits d'entrée à. . . . . 137 »

Ce qui, avec les 12 fr. de transport, ci. . . . . . 12 »

Formait un total de. . . . . 149 »

Cette augmentation énorme dans les droits d'entrée m'empêcha de continuer le commerce dans ces contrées, et je me retirai. En 1828, et sauf reliquat de compte, Descombes, mon associé, avait déposé à St-Pétersbourg 4 mille roubles pour moi et m'avait envoyé une traite sur Paris à 90 jours. A l'échéance, je reçus 4,587 fr., et si j'avais eu à payer en Russie 4 mille roubles, j'aurais été obligé de déposer 4,587 fr. à Paris, attendu l'augmentation du change de place ; c'est pour cela que Descombes me disait qu'en Russie l'on faisait communément les paiements en pièces d'or.

Je supposais donc un milliard en Algérie, un milliard 300 millions pour les blés ; total : 2 milliards 300 millions qui ont disparu de France.

D'après ce qui précède, nos représentants ne peuvent pas dire : l'argent ne manque pas, c'est la confiance. Non, c'est bien réellement l'argent qui manque, puisqu'on ne reçoit plus de pièces d'or dans le commerce.

Pour prouver que nous n'avons pas assez d'argent monnayé en France, je vais donner un aperçu des finances qu'il faut par an à Paris, non compris le roulement du Trésor.

La consommation annuelle de Paris, en comestibles, s'élève à. . . . . 186,297,600 fr.

A reporter. 186,297,600

— 9 —

Report. 186,297,600

En boissons, à 84,702,000
En denrées coloniales, à. 33,687,000
Et en eau (à 6 litres par jour par habitant,
dont 3 seulement achetés), à 4,148,000
308,834,600

Ajoutant la consommation en fourrages et
avoine étant de 20,900,000

On trouve pour la consommation totale de
Paris. 329,734,000

Et la dépense totale annuelle est de 898 millions 37 mille 357 francs, qui, répartie sur une population de 875 mille individus, donne pour chacun une dépense annuelle de mille vingt-six francs 32 centimes.

A propos de la propriété foncière, il y a des représentants qui ont dit que les propriétaires des terrains ruraux pouvaient bien payer l'argent à 5 p. $_o/^o$, puisque en Hollande on le payait jusqu'à 10. L'élévation du taux de l'intérêt est le véritable but des capitalistes, et ils y parviendront, car plus l'argent est rare plus il est cher. Au reste il y a une trop grande différence entre le taux (même légal) de l'argent et le revenu de la propriété foncière. Lorsqu'un propriétaire a reçu des billets de commerce pour 1,000 fr. payables à 60 ou 90 jours, comme ce terme est trop long, il est obligé de les envoyer à son banquier qui lui fait payer escompte, droit de commission etc; et c'est pour jouir toujours des mêmes privilèges que les capitalistes se sont opposés à la loi proposée sur le crédit foncier.

Je suppose un propriétaire foncier de 20 hectares ; dans ces 20 hectares il y en a trois qui ne sont pas en rapport ; il lui faut trois ou quatre ans pour le défrichement ou l'irrigation. Comment voulez-vous qu'il paie l'argent à 5 p. $_o/^o$, jusqu'à 7, et à courts termes ? C'est impossible, sa propriété serait bientôt expropriée ; mais avec le crédit foncier il ne peut pas se ruiner, ne payant l'argent qu'à 3 et demi p. $_o/^o$ et remboursant par 20me. Le gouvernement retirerait l'intérêt de 3 à 4 milliards au moins et donnerait de l'aisance à l'agriculture qui est la source de toute prospérité, car tout sort de là ; et, soyez-en persuadés, plus l'agriculture sera négligée, plus le commerce souffrira.

Je fus le premier qui, en 1822, achetai des socs de charrue-Brobon en fer chez M. Gotier, maréchal à Massinies, près Cambrai ; après les avoir essayés, il m'en envoya une assez grande quantité qui fut déposée chez M. Bourdon-Caire, à Mâcon, et que je distribuai à plusieurs cultivateurs du pays. Il leur a fallu plusieurs années pour se mettre au courant,et aujourd'hui presque tous les agriculteurs de France ne demandent pas mieux que de faire en agriculture des progrès et des améliorations où il y en a à faire, mais l'argent est trop rare et les impôts trop élevés

Des citoyens, mes voisins, en parlant du crédit foncier, m'ont dit : Occupons-nous de l'agriculture et du commerce, nous avons assez d'argent en France ; ce n'est pas l'argent qui fait la richesse, c'est le produit des récoltes ; avec nos récoltes, on nous donnera de l'argent. J'ai bien compris leur raisonnement, mais après avoir réfléchi j'ai conclu qu'on ne nous donnerait pas de l'argent en raison de la valeur de nos récoltes, attendu qu'il est trop cher.

J'ai parlé plus haut de la banque de Paris dont les bénéfices annuels montent à plus de 7 millions, le gouvernement l'a autorisée à émettre des billets, ce qui est une faveur et un privilège, et elle peut continuer ses opérations avec ses finances comme le font tous les autres banquiers. Ne vaudrait-il pas mieux que le gouvernement remplaçât ces billets par des coupons hypothécaires qui auraient la valeur de l'or et cours forcé, et il en retirerait la rente. Quand il manque de finances dans un État, il faut trouver un moyen d'en fabriquer.

Je sais bien que les banquiers, c'est l'âme du commerce, que sans eux il ne marcherait pas et qu'ils sont exposés, mais il ne faut pas de privilèges en faveur de qui que ce soit. Pourquoi plus de faveur pour la banque de Paris que pour les autres banques de France. ?

Il avait été proposé une loi dont le résultat aurait été de frapper de l'impôt les rentes sur l'État et sur particuliers. Eh bien ! cette loi a été rejetée. Pourquoi ? je l'ignore et ne puis m'en rendre compte ; car supposons trois frères auxquels le père de famille a laissé 300 mille francs, en espèces, à chacun cent mille francs ; l'un a acheté des propriétés, l'autre a mis son argent dans le commerce, et le troisième a pris des rentes sur l'État ou a prêté par obligations ; le propriétaire foncier retire à peine, impôt payé, 2 et demi pour cent ; le commerçant paie patente, et court de grandes chances de pertes ; celui qui aura des rentes sur l'État ou des obligations et dont la rente est toujours de 5 pour cent ne paiera rien, et cependant c'est la même quotité de fortune et la même part du patrimoine. Si le père eût laissé des dettes il aurait bien fallu que les trois enfants en payassent chacun leur part, pourquoi en serait-il autrement pour les impôts, qui sont une dette envers l'État ?

A cet égard, je dirai que ce sont des usuriers qui n'ont jamais voulu payer ce qu'ils doivent qui ont fait rejeter la loi, et cependant ils avaient voté la Constitution et ils la violent puisqu'elle dispose que tous les hommes sont égaux devant la loi, ce qui revient à dire que chacun doit payer en raison de sa fortune. Il est temps de faire payer ceux qui doivent, et que le gouvernement se hâte d'imposer les rentiers et capitalistes, autrement jamais avec l'impôt payé par le sol on ne parviendra à acquitter la dette de l'État. Je n'entends pas parler des pensions que l'État paie à ceux qui l'ont servi et qui s'éteignent par le décès des titulaires ; ees pensions ne seraient pas frappées par l'impôt.

Souvent, j'ai entendu dire à des représentants et à d'autres citoyens que les traitements des généraux, évêques , préfets, directeurs des contributions, etc, étaient trop élevés ; je ne suis pas de cet avis ; pour être bien servi il faut bien payer, et, en résumé, l'argent reste en France.

J'ai déja parlé de la dette de l'État, mais j'y reviens. Quand on voit un pays comme la France, reconnu pour être, par son sol et par son industrie, l'État le plus florissant de l'Europe, et qui paie plusieurs centaines de millions de rentes, en outre des budgets des ministères de la guerre, de la marine, etc, c'est vraiment déplorable. Les citoyens français devraient dire au Président de la République : Nous voulons payer la dette de l'État, qui est la nôtre, chacun à raison de notre fortune. Malheureusement il se trouve dans la société une classe de citoyens qui n'a pas de propriétés , ou du moins très peu, dont la fortune est en rentes sur l'État ou en obligations, qui n'a jamais rien payé et qui s'empresserait de dire : Nous ne devons rien ; mais les propriétaires du sol peuvent bien lui répondre : La France est cadastrée et classée, chaque propriété paie, non pas à raison du 20me du revenu, mais souvent une somme d'impôts qui parfois excède le quart du revenu ; pour payer nous sommes obligés de vendre nos denrées, et c'est sur notre classe, qui est la plus paisible, la plus tranquille, qu'a toujours pesé l'énorme poids des impôts et contributions qu'il a plu aux divers gouvernements qui se sont succédé, de décréter ; il serait bien temps que vous payiez enfin votre part.

Voyons quel est le nombre de ces propriétaires-cultivateurs (j'entends dire tous ceux qui s'occupent de culture et de mines), en prenant pour base la population de l'arrondissement de Mâcon, qui renferme 128 communes et 3 villes, Tournus, Cluny et Mâcon, population qui est de 119,783 habitants.

Nous trouvons sur les rôles de prestations pour les chemins des communes 18,118
Compris les patentés, qu'il faut distraire et qui sont 4,467

Resterait. 13,651
Mais comme les prestataires ne sont appelés que de 20 à 60 ans ; en ajoutant les jeunes gens de l'âge de 17 à 20 ans, ce qui ferait environ le sixième des prestataires, soit 2,275

On trouverait 15,926

C'est dont ces 15,926 propriétaires-cultivateurs qui font produire pour subvenir à la nourriture des 119,783 habitants, et qui devraient être honorés, soutenus et aidés avant tous autres, ainsi que cela a lieu en Chine. Cette classe des propriétaires-cultivateurs est bien assez forte et assez nombreuse, pour forcer l'autre classe de citoyens qui ne paie pas et qui devrait le faire, à payer, et elle pourrait lui dire : Si vous ne payez pas, nous ne payerons pas non plus. Mais, non, elle reste paisible et tranquille, comptant sur les chefs du gouvernement qui, bientôt, elle l'espère, lui rendront justice.

Les commerçants qui viennent ensuite au nombre de 4,467 patentés se plaignent ; leurs magasins regorgent de marchandises ; les chefs d'ateliers renvoient une partie de leurs ouvriers, faute d'écoulement des marchandises. La population manufactière est très grande ; c'est un mal, car s'il y avait moins d'ouvriers le chômage d'aujourd'hui serait moins désastreux.

Ces 4,467 patentés, dont la plus grande partie paie de forts loyers et de chères patentes, pourraient bien dire comme le laboureur à l'autre classe de citoyens qui ne paie pas et qui devrait payer : Si vous ne payez pas, nous ne payerons pas non plus. Mais, non, ils font comme le laboureur, ils paient, en attendant que le gouvernement leur fasse justice.

On parle de réformer la loi sur les prestations en nature et de remplacer la prestation par un impôt qui frapperait directement la propriété. A mon avis ce serait à tort, car l'impôt ne serait plus proportionnel ; du reste aujourd'hui sous ce rapport personne ne se plaint ; au contraire, tous les prestataires font leur journée avec plaisir et reconnaissent que cette manière de procéder leur a valu de très bons chemins.

Enfin, les lois et ordonnances qui règlent les assurances contre l'incendie sont vicieuses, et constituent un privilège très lucratif au profit des compagnies. Le gouvernement devrait assurer lui-même tous les citoyens français au moyen du système de l'assurance dite *Mutuelle*, et pour cela il n'y a rien de plus facile. Que le gouvernement procède comme il l'a fait pour l'assiette de l'impôt des portes et fenêtres ; qu'il établisse un rôle de toutes les propriétés susceptibles d'être assurées, soit dans les villes, soit dans les campagnes ; qu'il les fasse estimer ; qu'il prenne ensuite le dixième du chiffre des sinistres payés par les diverses compagnies pendant 10 ans, et qu'il le répartisse au marc le franc sur toutes les propriétés à assurer. Le gouvernement se ferait un revenu considérable, les propriétaires payeraient moins cher, la tranquillité règnerait partout, et la perception serait faite comme celle de l'impôt foncier. Peut-être serait-il convenable que les propriétés urbaines payassent moins que les propriétés rurales.

J'ai remarqué qu'avant les ordonnances qui ont autorisé les compagnies d'assurances, les incendies étaient rares ; quelquefois, il est vrai, mais à de longs intervalles, on voyait des hommes et des femmes venir de la montagne, avec un certificat du maire ou du curé, demander des secours pour rétablir leurs bâtiments détruits. Depuis que les compagnies existent en assez grand nombre, on apprend chaque jour quelque nouveau sinistre, on entend crier contre les malveillants qui mettent le feu dans les bâtiments des fermes et brûlent les meules de blés ; pour mettre un terme à ces déprédations, l'année dernière on a monté la garde nuit et jour, mais, aujourd'hui, de nouveaux sinistres viennent encore effrayer la population.

Je demande donc que le gouvernement devienne assureur, parce que, entre autres raisons, les compagnies sont loin d'offrir une parfaite sécurité, puisque leurs garanties ne reposent pas sur des propriétés foncières, et que s'il leur arrivait des sinistres considérables elles pourraient bien faire comme la *Minerve*, autorisée par ordonnance du 20 août 1842, qui, non-seulement, n'a pas payé ses assurances sur la vie, mais s'est retirée avec plusieurs centaines de millions ; et *l'Assurance Mutuelle* que les autres compagnies ont relevée en en changeant le nom, dans la crainte que le gouvernement ne s'en emparât et ne leur retirât leurs autorisations.

A l'appui de ma demande, je citerai la commune de Grièges (Ain) dont les habitants ont fait entr'eux une assurance mutuelle, il y a environ cinq ans, et qui possède en caisse plus de 10 mille francs. Je ferai encore observer au gouvernement que dans notre canton de la Chapelle-de-Guinchay, où nous avons trois pompes à incendie, les pompiers commencent à dire qu'ils travaillent pour les compagnies et que cela leur déplaît.

Il y a longtemps que je désire que, pour les militaires qui ont servi pendant 7 ans et qu'on renvoie avec un congé et une feuille de route, souvent sans un centime dans leur poche, et dont quelques-uns n'ont jamais connu de domicile, il leur soit alloué une petite somme que le gouvernement leur paierait à leur arrivée, pour les aider à subsister jusqu'à ce qu'ils aient trouvé de l'ouvrage, car n'ayant rien ils se réunissent à d'autres ouvriers et parcourent les campagnes en demandant du pain.

A propos de notre intervention en Italie, je dirai qu'au lieu de s'en occuper et de crier comme on l'a fait, il vaudrait mieux s'occuper de notre avenir, et qu'au surplus ce n'est pas un fait nouveau pour la France d'avoir une armée en Italie puisque toutes les portes nous étaient ouvertes ; ce n'est pas comme en 89 où les républicains franchirent le mont Cenis pour y entrer, attendu qu'il n'y avait pas d'autre route. L'armée de la Moselle et celle du Rhin ont bien conquis tout le pays de Nassau, la Prusse, la Hollande et la Belgique, en 1792 ; alors on chantait victoire, aujourd'hui l'on crie ; on n'a pas raison. L'Empereur a bien été deux fois à Vienne, à Moscou, et toujours l'on a chanté victoire. En résumé qu'importe à la France de nourrir 20,000 hommes en Italie ou en France ? Ce n'est pas la peine de crier.

On m'a demandé souvent de quelle couleur j'étais ; j'ai répondu : Je ne suis ni rouge, ni bleu, ni blanc ; ces mots ne sont bons qu'à aigrir les esprits les uns contre les autres ; je suis français et je veux que chacun contribue aux charges de l'État en raison de sa fortune.

J'ai souvent entendu dire en parlant de l'instruction primaire qu'il fallait lui donner une grande extension ; à ce sujet voici mon avis : Je crois que tout le progrès ne vient pas de l'instruction théorique ; avant tout, il faut la pratique ; je pense donc que le nombre des écoles ne doit pas être augmenté ; dans les communes de 2,000 âmes il en faudrait quatre, deux pour les garçons et deux pour les filles, et les pères et mères de famille auraient la faculté d'envoyer leurs enfants où bon leur semblerait. L'on se croit obligé aujourd'hui de faire des hommes de lettres et des *capacités* ; c'est une erreur, car les progrès les plus profitables aux masses étant ceux que l'on fait en agriculture et en industrie, il nous faut des travailleurs pour nous procurer des subsistances avant tout. Lorsqu'un jeune homme est resté à l'école jusqu'à l'âge de dix-huit ans, rentré à cet âge, auprès de ses parents, il ne peut pas prendre le goût de l'agriculture et veut se lancer dans les professions libérales ; alors il va dans les grandes villes, ces sentines du libertinage, où presque toujours il vit misérablement et se ruine, au lieu de faire la brillante fortune qu'il avait rêvée. C'est là une des grandes plaies de notre époque.

Pour qu'une forme de gouvernement soit stable, il faut que les impôts soient proportionnels, c'est-à-dire que chaque citoyen contribue aux charges et aux dettes de l'État en proportion de sa fortune ; ainsi donc, Citoyens représentants, si vous voulez que la République soit impérissable, adoptez les réformes que je viens de proposer, autrement l'ère des révolutions n'étant pas encore fermée, au lieu du gouvernement de tous, par tous et pour tous, la *République*, nous pourrions bien retomber sous le gouvernement du bon plaisir, au bénéfice de quelques-uns et au détriment du plus grand nombre, la *Monarchie*. Réformez les lois sur les impôts afin que le peuple qui vous a délégué ses pouvoirs ne soit pas en droit de vous dire : Vous m'avez trompé ! Et puis il est bien temps aussi que le gouvernement marche sur d'autres errements que ceux que les gouvernants qui se sont succédé ont suivis depuis dix-neuf ans, car la dette de l'Etat allant toujours se grossissant, nous finirions par arriver à l'ignoble banqueroute.

Une objection que l'on m'a faite relativement à la taxe des lettres et que je tiens encore à réfuter, c'est celle-ci : En Angleterre, me dit-on, toutes les lettres sont taxées uniformément à 20 cent. chacune ; pourquoi, en France, payerions-nous davantage ? Je réponds à cela que les formes de gouvernement adoptées dans ces deux pays étant maintenant dissemblables, il ne peut pas y avoir parité entr'eux dans le mode de l'impôt ; car le système gouvernemental de l'Angleterre est héréditaire et aristocratique et le pouvoir législatif et administratif est concentré exclusivement entre les mains de ceux qui possèdent le sol et qui font le commerce ; les grands propriétaires et les grands commerçants sont à la tête du gouvernement, et le commerce est fait par eux ; on peut s'en faire une idée en voyant les grands établissements commerciaux établis à Londres, qui appartiennent tous aux Lords ; lesquels votent le budget dans lequel entre la taxe des lettres ; d'un autre côté, l'Angleterre est loin de produire les denrées nécessaires à la consommation de ses habitants qui, en grande partie, sont plus malheureux que les esclaves de la Russie, et le gouvernement est obligé d'aller au loin chercher de quoi empêcher le peuple de mourir de faim ; tandis que, en France, le système gouvernemental est constitutionnel et démocratique, que ceux qui gouvernent sont payés par le souverain, qui est le peuple, dans l'intérêt duquel les représentants et ministres doivent agir et travailler ; et que le sol français peut nourrir tous ses habitants, dont la septième partie suffit seule pour faire produire de quoi subvenir à la nourriture de la masse. Ainsi donc, que l'on n'assimile pas le peuple et le sol français au peuple et au sol anglais ; l'assimilation n'est pas possible.

Je le répète ; pour arriver au progrès, en finances, il faut que les recettes excèdent les dépenses. Pour obtenir ce résultat, Citoyens représentants, adoptez les réformes que j'ai proposées, et frappez de l'impôt les capitaux et les rentes, aussi non, vous aurez été des mandataires infidèles.　　　J. B. CADOT.

La Chapelle-de-Guinchay, 2 octobre 1849.